Collection Henri LACROIX

DESSINS D'ORNEMENTS

AQUARELLES, DESSINS, GOUACHES

De toutes les Écoles

EXEMPLAIRE D'AMATEUR EN PL...

COMMISSAIRE-PRISEUR

Mᵉ PAUL CHEVALLIER

EXPERTS

MM. A. DANLOS et JULES FÉRAL

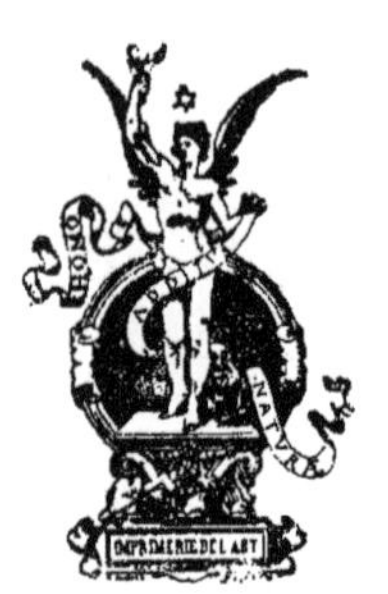
IMPRIMERIE DE L'ART

X n° 234 Lajou Sans n° Les 4 Elements — 33
     Wattier Sans n° Conversation galante 44
X n° 228 Album de Nicolle van de Venne 380
  n° 180 2 dessins XVI Ec État. Tapisseries — 51
  219 Van Kessel Voyageur — — 260
  220 Kobell Le mari dans la forêt — 100
  233 Parizeau 2 dessins — 280
     Verduren Idem n° — 65
     Verschuring sans n° —
     Bloemart Sans n° — 90
  139 1 Feuille Ornement Escalier 35
  14 Groupe (Tuileries) — 70
  61 Boutique Amateur — 27
  110 Gobelet XVII. — 72
  115 Lineau (Glace) — 470
  204 Dietricy Repos de voyageur — 32
  248 Descamps 2 vues de Rouen — 85
                    1510

CATALOGUE

DES

DESSINS D'ORNEMENTS

ARCHITECTURE, DÉCORATION. MOBILIER, ORFÉVRERIE

AQUARELLES, DESSINS, GOUACHES

DESSINS D'ILLUSTRATIONS

DE TOUTES LES ÉCOLES

ŒUVRES DE :

AUDRAN, BABEL, BÉRAIN, BOUCHER, CAFFIERI, CHOFFARD, DELAFOSSE,

DELARUE, EISEN, GIORGIONE, GILLOT, GREUZE,

GRAVELOT, JORDAENS, LAJOUE, DE LA LONDE, LE MOYNE,

LE PRINCE, DE MACHY, MAROT, L. MOREAU,

NICOLLE, NILSON, OPPENORD, PERCIER, PEYROTTE, PRIEUR, RANSON,

H. ROBERT, SOUFFLOT, THOMYRE, TORO, DE WAILLY, ETC., ETC.

Dépendant de la Collection de feu M. Henri LACROIX

ET DONT LA VENTE AURA LIEU

HOTEL DROUOT, SALLE N° II

Les Mardi 27, Mercredi 28 et Jeudi 29 Janvier 1903

à deux heures

COMMISSAIRE-PRISEUR

Mᵉ PAUL CHEVALLIER, 10. rue Grange-Batelière

EXPERTS

M. A. DANLOS

15, quai Voltaire

M. JULES FÉRAL

54. faubourg Montmartre

EXPOSITION PUBLIQUE

Le Lundi 26 Janvier 1903, de 1 heure 1/2 à 5 heures 1/2

CONDITIONS DE LA VENTE

La vente sera faite au comptant.

Les acquéreurs paieront *dix pour cent* en ss des prix d'adjudication.

MM. Danlos et Féral se réservent la faculté de rassembler ou de diviser les lots.

Les Dessins d'ornements seront visibles chez M. Danlos, du lundi 19 au samedi 24 janvier.

L'exposition mettant le public à même de se rendre compte de l'état des objets, il ne sera admis aucune réclamation l'adjudication prononcée.

Paris — Imprimerie de l'Art, E. Moreau et Cie, 41, rue de la Victoire.

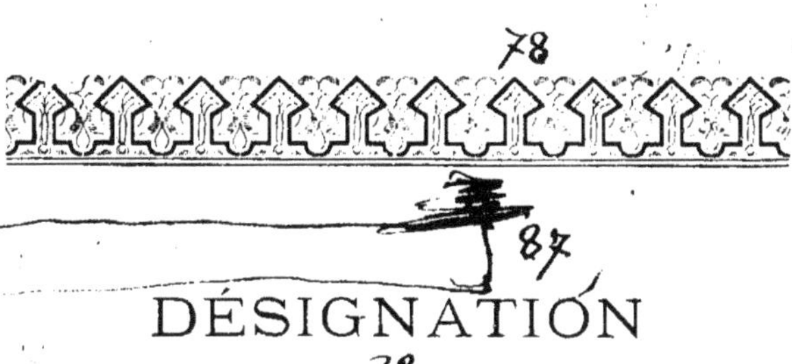

DÉSIGNATION

DESSINS D'ORNEMENTS

AUDRAN (G.) (d'après MIGNARD)

1 — Apollon distribue des récompenses aux Sciences et aux Arts, et Minerve couronne le Génie de
la France. Composition allégorique décorant le
plafond de la galerie du petit appartement du
roi à Versailles.

> Dessin à la sanguine fait par le maître pour la gra-
> vure. Cadre en bois sculpté.

BABEL (P.-E.)

2 — Surtout de table orné au milieu de deux
amours, dont un tient un chien en laisse : la
base est éclairée par quatre lumières.

> A la plume et au lavis d'encre de Chine.

3 — Trois moitiés de fleurons sur une même
feuille.

> Au crayon noir.

BELLA (DELLA)

4 — Frise composée de rinceaux et de figures ;
au-dessous, deux croquis.

> A la sanguine.

BELLA (Della)

5 — Frise composée de rinceaux et de figures.

A la sanguine.

6 — Cartouche. — Griffonnages. — Frises.

Quatre dessins à la plume.

BÉRAIN (J.)

7 — Moitié de panneau pour marqueterie, décoré de personnages et arabesques.

A la plume.

BÉRAIN (D'après J.)

8 — Commode ornée de bronzes, avec incrustations de cuivre et d'étain. — Pied de table.

Deux dessins au lavis d'encre de Chine.

BIBIENA (J. Galli)

9 — Intérieur d'un Palais où, sur le haut des marches d'un escalier monumental et au delà d'un vaste portique, on voit Jésus-Christ présenté au peuple.

A la plume, lavé d'encre de Chine et de bistre. A été gravé dans l'œuvre du maître.

10 — Projet de monument funéraire élevé en l'honneur d'un homme de guerre. — Catafalque.

A la plume et au lavis d'encre de Chine et de sépia. Ont été gravés par l'artiste dans son œuvre.

BIBIENA (?)

11 — Intérieur du Palais de Pilate, avec escalier et hautes galeries, où l'on voit Jésus-Christ em-

mené par des gardes. — Ruines et monuments antiques.

> Deux dessins à la plume et au lavis de bistre et d'encre de Chine.

BOUCHER (F.)

12 — Projet de fontaine, la vasque, surmontée de trois amours assis sur des dauphins, est supportée par deux tritons.

> A la mine de plomb. A été gravé par Aveline.

45

BOUCHER (?) (F.)

13 — Projet de tombeau.

> Au crayon noir. Cadre ancien avec fronton.

430

14 — Groupe de quatre figures : un fleuve, une nymphe et deux amours.

> A la pierre noire.

70 Danlos

BOUCHER Fils (J.-F.)

15 — Détails et modèles de tombeaux. Cénotaphes. — Urnes. — Monuments funéraires.

> Quarante croquis et dessins à la plume, à la sanguine et au lavis d'encre de Chine.

55

BOURGUET (J.)

16 — Enroulements de feuillages dans lesquels se jouent des grotesques.

> A la sanguine.

40

17 — Enroulements de feuillages avec pampres. — Panneau dans lequel on voit, au centre, un écusson entouré de personnages et d'ornements.

> Deux dessins, pierre noire et sanguine.

150

CAFFIERI

18 — Partie supérieure d'un encadrement de panneau, deux motifs différents sur une même feuille.

Superbe dessin à la sanguine.

CALDARA dit Polidore de CARAVAGE

19 — Satyres découvrant le buste d'une femme. — Modèles de vases séparés par une tunique antique.

Deux dessins à la plume et au lavis rehaussé de blanc, sur papier teinté.

20 — Modèle de vase de forme ovoïde l'anse est formée par une figure de triton soufflant dans une conque, autour de laquelle s'enroule un serpent.

A la plume, lavé de bistre.

21 — Buire, la panse est décorée d'un combat de dieux marins.

A la plume, lavé de bistre.

CAUVET (?) (G.-P.)

22 — Montant d'ornements. — Porte d'entrée d'une chancellerie.

Trois dessins et croquis à la plume et au lavis d'encre de Chine.

CHIARI (A.)

23 — Frontispice : Une Renommée soulève le voile qui cachait le portrait d'Antonio Jacobini accolé à une pyramide.

Au lavis de bistre et de sanguine rehaussé de blanc, sur papier teinté.

CHOFFARD (P.-P.)

24 — Cadre in-18 oblong, enguirlandé de fleurs.
    Au lavis de bistre.

25 — Fleuron au chiffre de Catherine II.
    A la plume et au lavis de bistre.

26 — Encadrement du portrait de François Walter.
    Au lavis d'encre de Chine. Signé et daté 1793.

CIPRIANI

27 — Minerve, déesse militaire, ornant les héros
d'Angleterre du cordon de l'Ordre du Bain. —
La naissance de Minerve, déesse des Arts et des
Sciences, pièce faisant allégorie à la naissance
de Sa Majesté la Reine d'Angleterre.
    Deux dessins au lavis d'encre de Chine.

COYPEL (?) (Ch.)

28 — Projet de plafond : grande composition allégorique représentant les Arts libéraux couron-
nés par Apollon et défendus par la Vigilance.
    Très beau dessin à la gouache et au lavis d'aquarelle.
Cadre doré.

CRESPI (G.)

29 — Figure grotesque pour un carroussel.
    A la pierre noire.

CROZATO

30 — Figures décoratives pour un fronton de porte.
    — Figures décoratives pour une voussure de
plafond.
    Deux dessins au lavis d'encre de Chine, rehaussé de
blanc sur fond teinté.

CUVILLÈS ᴌᴇ Pᴇʀᴇ (F.)

31 — Miroirs. — Cartouches. — Emblèmes. — Dessus de clavecin. — Frises. — Vases.

Trente-huit dessins et croquis à la plume.

CUVILLÈS ᴌᴇ Fɪʟs (F.)

32 — Porte à deux vantaux d'une ornementation très riche et surmontée d'un imposte cintré, chaque vantail est d'un modèle différent.

Très beau dessin à la plume et au lavis d'encre de Chine.

33 — Modèles d'orfèvrerie : Candélabres. — Soupières. — Miroirs. — Vases.

Neuf dessins et croquis à la plume.

DELAFOSSE (J.-C.)

34 — Projet de lit garni, avec baldaquin et dossier, en bois sculpté, orné d'un cartouche entouré de feuillage.

Beau dessin au lavis d'encre de Chine. Cadre doré.

35 — Arc de triomphe surmonté des armes royales et de faisceaux; en arrière et devant un palais, la statue d'un homme de guerre.

Beau et important dessin au lavis d'encre de Chine. Cadre doré.

36 — Deux petits vases et un flambeau sur une même feuille. — Vase à anse dont la panse cannelée est ornée de guirlandes. — Vase ayant sur la panse un médaillon enguirlandé de fleurs.

Trois dessins et croquis à la plume et au lavis d'encre de Chine.

DELAFOSSE (J.-C.)

37 — Brûle-parfums en forme de vase ayant la panse   **60**
ornée de rinceaux. — Vase décoré d'un médail-
lon et d'une guirlande de fleurs.

> Deux dessins au lavis de bistre et à la sanguine.

38 — Arc de triomphe surmonté d'un trophée aux   **95**
armes de France. — Monument funéraire avec
bas-reliefs et groupes de statues.

> Deux dessins au lavis d'encre de Chine et de bistre,
> le dernier est signé.

39 — Fontaine monumentale ornée d'une figure de   **80**
Neptune dans une niche. — Porte d'entrée d'un
tombeau. — Trophée avec attributs de chasse. —
Plan et élévation d'une porte de prison.

> Quatre dessins et croquis à la plume et au lavis d'encre
> de Chine et de bistre.

DELAFOSSE (?) (J.-G.)

40 — Cadres de glaces, avec frontons ornés de   **50**
guirlandes de fleurs.

> Trois dessins à la plume et au lavis d'encre de Chine
> et de bistre.

DELARUE

41 — Décoration de plafond.   **120**

> Aquarelle.

DESMARETZ

42 — Costumes de femmes habillées à l'antique.   **17**

> Deux dessins à la plume et au lavis d'encre de Chine
> rehaussé de blanc, sur fond teinté.

DORBAY

43 — Vestibule des Tuileries.

Deux dessins à la plume et au lavis de bistre.

DUBOIS Père (E.)

44 — Fresque : au milieu, un petit temple circulaire soutenu par des sphinx, de chaque côté, arabesques et enroulements. — Fresque semi-circulaire : au centre, un médaillon renfermant une figure de femme, de chaque côté, des amours et des animaux fantastiques supportés par des enroulements et des arabesques.

Deux aquarelles.

45 — Quart et moitié de plafond à compartiment. — Plafond à quatre compartiments séparés par des frises et des médaillons.

Quatre aquarelles.

DUGOURE (J.-D.)

46 — Le Triomphe de Bacchus et de l'Amour.

A la plume et au lavis d'encre de Chine. Signé et daté 1775.

DUMONT (dit Le Romain)

47 — Trophées d'armes orientales. — Trophées et croquis avec attributs de chasse et de pêche.

Deux dessins à la plume.

FONTANA

48 — Grands chandeliers pour église.

Trois dessins à la plume et au lavis de bistre.

FRAGONARD (?) (D'après H.)

49 — Médaillons ornés de figures mythologiques.

Quatre croquis à la sanguine.

GIARDINI (J.)

50 — Un vase à couvercle et une buire. Deux dessins d'orfèvrerie sur la même monture.

À la plume et au lavis de bistre.

GILLOT (C.)

51 — Le Triomphe de Neptune, panneau pour tapisserie.

À la sanguine. A été gravé par le maître avec quelques changements dans son livre de portières. Cadre en bois sculpté.

GRAVELOT (H.-T.)

52 — Encadrement d'un portrait in-8° (Boileau ?) : dans la partie inférieure, deux petits satyres s'appuient sur une tablette où est représentée une scène du *Lutrin*.

À la plume et au lavis de bistre.

GUÉRARD (N.)

53 — Scène de ballet. — La Justice, personnifiée par une jeune femme assise sous un dais, écoute le plaidoyer de deux avocats. — La Mariée du village sortant de l'église, d'après A. Bosse. — Fête et carrousel sur une place publique.

Quatre dessins au lavis de bistre et d'encre de Chine pour éventails.

GUNTHFAR

54 — Deux vases en onyx, montés de bronzes ciselés et dorés. — Vase en marbre, orné de bas-reliefs, les anses formées par des serpents.

Deux gouaches et une grisaille.

JORDAENS (J.)

55 — Frise emblématique : au centre, entre deux amours, un cartouche renfermant deux cœurs soutenus par des mains enlacées ; à droite, un aigle ; à gauche, une cigogne.

Aquarelle.

56 — Projet de portique au-devant duquel s'élève une statue de Diane.

Au lavis de bistre et de bleu.

LA JOUE (J. DE)

57 — Petit cartouche. — Paysage avec perspective orné de fontaines et de jets d'eau.

Deux dessins au lavis d'encre de Chine et à l'aquarelle ; le premier est signé.

LA LONDE (DE)

58 — Vue intérieure du Panthéon(?), on voit devant l'autel, la châsse de sainte Geneviève supportée par quatre statues.

Beau dessin au lavis d'encre de Chine et de sépia. Signé et daté 1776.

59 — Fond de salon : le milieu est occupé par une glace encadrée surmontant une console ; de chaque côté, une fenêtre. — Autre fond de

salon : au milieu, une glace sur une cheminée ; de chaque côté, une porte surmontée d'un cadre.

Deux dessins au lavis d'encre de Chine.

LA LONDE (?)

60 — Modèle de cheminée avec son trumeau.

Au lavis d'encre de Chine.

61 — Façade. — Élévation et coupe de la façade sur la rue. — Vue intérieure et coupe sur la longueur d'une fabrique et magasin de parfumerie.

Trois dessins à la plume et au lavis d'aquarelle.

LA VALLÉE-POUSSIN (E. de)

62 — Panneau arabesque en hauteur.

A la plume et au lavis d'encre de Chine.

LE FEBVRE (F.)

63 — Bouquets de feuillages d'orfèvrerie, genre cosses de pois, au bas desquels on voit des scènes dans le genre de Callot.

Cinq dessins à la mine de plomb. Ont été gravés par l'artiste.

64 — Bouquets de feuillages d'orfèvrerie, genre cosse de pois.

Quatre dessins à la mine de plomb. Ont été gravés par l'artiste.

LE MOYNE (J.)

65 — Le Char de Phébus. Composition pour un plafond.

Au lavis d'encre de Chine.

LUCAS (J.)

66 — Dessin d'armurerie. Vingt dessins sur trois feuilles.

A la plume et au lavis d'encre de Chine. Signés et datés 1886.

DE MACHY et VAUCELLES

67 — Intérieur de l'église Saint-Pierre à Rome. — Salle d'un palais orné de statues antiques.

Deux dessins au lavis de bistre et à l'aquarelle.

MAROT (D.)

68 — Décor de théâtre : au delà d'une balustrade, une allée de parc bordée de charmilles aboutissant un pavillon en treillage.

Aquarelle. Signée.

69 — Décor de théâtre : allée de parc ornée de statues et de vases sur leurs socles.

Au crayon noir.

MOITTE

70 — Une jeune femme demi-nue, le pied sur la tête d'un dauphin, est élevée sur un socle, autour duquel dansent trois génies ailés.

A la sanguine.

MOREAU (P.)

71 — Modèle de pendule : sur le socle, d'un côté, le Temps, de l'autre, une figure de femme ailée.

A la plume et au lavis d'encre de Chine.

NILSON (J.-J.)

72 — Encadrement de miroir avec figures et fronton.   *16*

> Au lavis d'encre de Chine, rehaussé de blanc sur papier bleu.

OPPENORD (G.-M.)

73 — Panneau en hauteur, décoré dans la partie supérieure d'un cartouche représentant une laie allaitant ses marcassins ; en dessous, une lyre au milieu de rinceaux supportant un trophée d'armes.   *205*
Feral

> Très beau dessin au lavis d'encre de Chine.

74 — Porte à deux vanteaux, flanqués de deux pilastres et ornée de médaillons renfermant des bustes de moines.   *42*

> A la plume de couleur.

75 — Projet de fontaine : au-dessous d'un cartouche, un fleuve assis près d'un sphinx accoté à une urne d'où l'eau jaillit : dans le fond, un groupe de trois femmes nues.

> Au lavis d'encre de Chine.

76 — Décoration pour un fond de galerie : au milieu, une cheminée monumentale, ornée de figures et surmontée d'un fronton ; à droite, deux statues dans une niche cintrée ; à gauche, un projet de fontaine aux armes de France.   *31*

> A la plume et au lavis de bistre.

77 — Coupe d'une galerie de fêtes. — Projet de fontaine. — Grand vase, dont le piédestal forme fontaine. — Groupe d'amours.   *45*

> Quatre dessins à la plume, à la sanguine et au lavis de sanguine.

OPPENORD (G.-M.)

50

78 — Projets de fontaines. — Trois dessins de la lettre B, ornés de trophées et de personnages.

Ensemble cinq dessins à la plume.

195
Danlos pour V.

79 — Frontispices de livres entourés de trophées et de nombreuses figures allégoriques.

Cinq dessins très faits au lavis d'encre de Chine.

80 — Frontispice de livre : à gauche, Noé et l'arche ; à droite, Jacob et l'échelle des Anges ; au centre, Moïse.

Deux dessins, l'un est le croquis à la plume, et l'autre le dessin définitif à la plume et au lavis d'encre de Chine.

35
Danlos

81 — Frontispice de livre : au centre, un guerrier sur un char ; d'un côté, une Renommée, de l'autre, un trophée d'armes et un lion.

Deux dessins, croquis à la plume et dessin définitif au lavis d'encre de Chine, rehaussé de blanc.

120
Danlos pour W.

82 — Frontispice et cartouches entourés de personnages et d'animaux chimériques, et dont l'un contient cette inscription : *Premier livre de cartouches dans le goût du Chevalier de Bernin, inventés par G.-Marie Oppenord, etc.*

Six dessins à la plume et au lavis d'encre de Chine.

PALLIERE (A.-J)

20
Danlos

83 — Cariatides et bas-reliefs pour la décoration d'une fontaine.

Cinq dessins au crayon noir, signés et datés 1816.

PARIZEAU (P.-L.)

37

84 — Vases antiques à deux sur la feuille.

Six dessins au lavis de bistre.

85

PELLEGRINI (dit Thibaldo)

85 — Fond de chapelle. — Dessus d'autel. — Autel
avec personnages et ornements.

> Cinq dessins à la plume, lavés de bistre.

PERCIER

86 — Modèles de lustres. — Psyché. — Flambeau
orné d'un aigle. — Moitié de plafond.

> Cinq dessins à la plume et au lavis.

PEYROTTE (A.)

87 — Panneau décoré d'arabesques et de figures
chinoises. — Écran à main décoré de fleurs et de
fruits.

> Deux aquarelles.

PRIEUR (L.)

88 — Panneau décoratif : au centre, une tête de
Méduse entourée de rinceaux et d'amours.

> À la plume et au lavis de bistre sur fond bleu.

QUEVERDO (?) (F.-M.)

89 — Panneau décoratif : au centre, un vase ; de
chaque côté, deux amours.

> À la plume, au lavis de bistre et de couleur.

RANSON

90 — Guirlandes de fleurs pour décorations ou bro-
deries. Six motifs montés sur deux feuilles.

> À la gouache

ROBERT (H.)

91 — Un artiste (H. Robert) dessinant un bas-
relief antique.

> Aquarelle.

SOUFFLOT

92 — Projet de panthéon. — Projet de mausolée de forme pyramidale reposant sur une large terrasse ; de chaque côté du monument, deux pyramides entourées de statues.

> Deux dessins à la plume et au lavis d'encre de Chine et de bistre.

STRAUCH (J.)

93 — Titre d'ouvrage scientifique.

> À la plume et au lavis d'encre de Chine. Signé et daté 1659.

THOMYRE

94 — Toilette garnie. — Candélabre à trois branches.

> Deux dessins à la plume et au lavis de couleur.

TORO

95 — Grand cartouche décoré de figures allégoriques et d'attributs guerriers : au milieu, un panneau dans lequel est représenté Vulcain forgeant les armes d'Énée en présence de Vénus et de l'Amour.

> Très beau dessin à la plume et au lavis d'encre de Chine.

VAUCELLES

96 — Salle d'un palais antique orné de nombreuses statues.

> Aquarelle.

VOISIN

97 — Modèle de vase dont les anses sont formées par deux sphinx s'appuyant sur des rinceaux.

> Aquarelle.

VOISIN

98 — Vase à anses et à piédouches en lapis-lazuli.
— Vase en marbre blanc, avec monture de
bronze doré.

Deux dessins à la plume et au lavis de couleur.

99 — Arabesques composées de rinceaux et figures
libres.

Deux dessins à la mine de plomb.

WAILLY (C. DE)

100 — Modèle de vase de forme ovoïde; les deux
anses sont formées par deux rinceaux reposant
sur des têtes de lion; sur la panse, une frise
représentant les amours vendangeurs.

À l'encre de Chine, rehaussé de blanc sur papier
teinté bleu.

WATTEAU (D'après)

101 — L'Hiver et le Repos gracieux; deux arabesques en largeur faisant pendant.

Dessin au crayon noir et au lavis d'encre de Chine;
ont été gravés par Huquier.

WATTEAU (Genre de)

102 — Arabesques en hauteur.

Deux dessins au lavis de bistre.

WITTE (De)

103 — Groupes d'amour, décorations murales avec
personnages. — Rocaille. — Cartouche. — Stalle.

Sept dessins à la plume et au lavis d'encre de Chine
et d'aquarelle.

ÉCOLE ALLEMANDE (xvie siècle)

104 — Composition emblématique : au centre, entre
une faunesse et un satyre, un buste de philo-
sophe appuyé sur un cartouche où se lit la
devise : Μηδεναγαν.

Dessin en camaïeu dans les tons gris-bleu.
Daté : 1556.

ÉCOLE ALLEMANDE (xviie siècle)

105 — Corniche et entre-deux de fenêtre. — Décoration d'un plat ovale.

Deux dessins à la plume sur fond teinté.

106 — Tableau d'autel. — Cartouche orné de figures.
— Grand panneau armorié.

Trois dessins à la plume, au lavis d'encre de Chine
et en camaïeu.

ÉCOLE ALLEMANDE (xviiie siècle)

107 — Profil et arrière d'un char de gala de style
rocaille.

A la plume et au lavis d'encre de Chine

ÉCOLE ANGLAISE (xviie siècle)

108 — Projet de tombeau pour un lord chancelier.

A la plume et au lavis d'aquarelle.

ÉCOLE FLAMANDE

109 — Deux titres de livre pour un ouvrage religieux et pour un ouvrage philosophique. Ce
dernier signé de *Martin de Vos*.

A la plume et au lavis d'encre de Chine.

ÉCOLE FRANÇAISE (xvie siècle)

110 — Gobelet en matière précieuse, avec monture en or émaillé.

> Aquarelle rehaussé d'or.

111 — Bouquet d'orfèvrerie. — Panneau décoratif avec arabesques et tapisseries. — Entrelacs. Fonds de coupes.

> Quatre dessins.

ÉCOLE FRANÇAISE (xviie siècle)

112 — Son A. R. Mademoiselle et sa suite se promenant dans le parterre du château de Choisy dont la vue se voit dans le fond ; au premier plan, la Seine couverte de nombreuses embarcations. Composition pour éventail.

> Au crayon noir, à la plume et au lavis d'encre de Chine.

113 — Le Départ pour la chasse : Un homme de de qualité et sa femme se disposent à descendre les marches d'un escalier conduisant à une terrasse au bas duquel les attendent, d'un côté, un carosse, et de l'autre, deux cavaliers avec des chiens. Composition pour éventail.

> A la plume et au lavis d'encre de Chine.

114 — Dessin de vase. Le couvercle est surmonté d'une figure de Minerve assise, et la panse d'un mascaron ; les deux anses sont de modèles différents.

> A la plume et au lavis d'encre de Chine. Col^{on} de Sir Th. Lawrence.

ÉCOLE FRANÇAISE (xviie siècle)

115 — Encadrements de panneaux en hauteur, ornés à la partie supérieure d'un mascaron. Deux projets différents sur une même feuille.

> À la sanguine.

116 — Façade d'un palais, style rocaille : le dôme central est surmonté d'un groupe de deux figures représentant l'enlèvement d'une nymphe, au-dessous, la couronne impériale de Russie.

> À la plume et au lavis d'encre de Chine.

117 — Décoration d'un plafond dont le motif principal représente un concert d'anges.

> Au lavis d'aquarelle.

118 — Trophées avec attributs guerriers et religieux.

> Quatre dessins à la plume et au lavis d'encre de Chine.

119 — Modèle de tapisserie représentant le triomphe de Bacchus. — Figures allégoriques dans des médaillons ovales.

> Quatre dessins à la plume et au lavis d'encre de Chine.

120 — Frises. — Rinceaux de feuillages. — Cartouche aux armes d'un dauphin. — Dessin de plafond.

> Six dessins à la plume, à la sanguine et au lavis d'encre de Chine et de bistre.

121 — Projet de plafond avec médaillons. — Motifs et voussure de plafond.

> Trois dessins à l'aquarelle, au lavis de bistre et à la plume, attribués à Lebrun, Le Moyne et Loir.

ÉCOLE FRANÇAISE (xvıı^e siècle)

122 — Maître autel. — Retable d'autel. — Intérieur de coupole.   **65**

    Trois dessins au lavis de bistre et d'encre de Chine.

123 — Plan et élévation géométrale d'un bâtiment élevé dans le parc du marquis de Fourquevaux. — Ruines et monuments antiques. — Vases et ustensiles antiques. — Projet de fontaine.   **46**

    Huit dessins à la plume et lavis de bistre et d'encre de Chine.

124 — Mascarons. — Le Sommeil de Bacchus. — Faunes et Faunesse.

    Neuf dessins.

125 — Frises, mascarons et attributs. Neuf dessins sur une même feuille.   **92 Ducrey**

    A la plume et au lavis d'encre de Chine.

126 — Frontispice d'un livre. — Flambeaux. — Reliquaire. — Fontaine monumentale. — Autel surmonté du médaillon de Louis XIV.   **32**

    Neuf dessins et croquis à la plume et au lavis d'encre de Chine et de bistre.

127 — Études de figures supportant des armoiries.   *10 Danlos pour le Musée*

    Trois croquis à la plume.

128 — Amour supportant une vasque. — Cartouches. — Décoration supérieure d'une galerie. — Frise.   *11*

    Six dessins à la mine de plomb et au lavis de bistre.

129 — Décorations de plafonds.   *70 Danlos pour le Musée*

    Sept dessins au lavis d'encre de Chine et de bistre.

ÉCOLE FRANÇAISE (xviiie siècle)

130 — Grand régulateur de forme contournée. Le cadran est éclairé par deux lumières, la base repose sur deux griffes de lions et la partie centrale est ornée de deux chimères.

> Très beau dessin à la plume et au lavis d'encre de Chine.

131 — Grande torchère aux armes de Lorraine : au-dessous de l'écusson ducal, des attributs guerriers attachés à des tiges de roseaux, la base est formée de volutes surmontées d'un casque.

> Très beau dessin à la plume et au lavis d'encre de Chine.

132 — Projet de monument élevé en l'honneur de la naissance d'un dauphin : sous un dôme et vu en perspective, un groupe de trois figures, représentant la France recevant le nouveau-né des mains d'une déesse.

> Beau dessin à la plume, lavé d'encre de Chine.

133 — Modèle de gaine décorée de rinceaux, et de feuillages d'ornement.

> A la plume et au lavis de couleur.

134 — Fond de galerie percée d'une porte surmontée d'un buste, au-dessus, un trophée d'armes entre deux Renommées ; de chaque côté, adossé à un pilastre, un groupe allégorique de deux figures.

> Beau dessin à la plume et au lavis d'encre de Chine.

ÉCOLE FRANÇAISE (xviiie siècle)

135 — Surtout de table orné, au milieu, d'une figure de femme tenant une vasque ; à la base, deux figures de satyres, et à la partie supérieure deux amours se terminant en rinceaux.

Au crayon noir.

60 Danlos pour le Musée

136 — La France pleurant la mort d'un homme de guerre. Composition allégorique pour la décoration d'un panneau.

A la plume et au lavis d'encre de Chine et de bistre.

10 Danlos

137 — Candélabre, à huit lumières, formant l'extrémité d'un surtout de table ; il est orné de figures d'amours et de satyres se jouant parmi des rinceaux.

A la sanguine.

32

138 — Fond de salon. — Modèles de portes. — Trumeaux et dessus de portes.

Cinq dessins et croquis à la plume et au lavis d'encre de Chine.

42

139 — Coupe d'escalier. — Fond de galerie. — Études d'arabesques et de moulures. — Dessus de porte. — Chaire à prêcher.

Neuf dessins à la sanguine, à la plume et au lavis de bistre et d'aquarelle.

Beurdeley

10 + 18 Danlos

140 — Fond de salon : au milieu, une cheminée de marbre surmontée d'une glace ; de chaque côté, deux portes avec draperies. — Face d'un salon : au milieu, une console surmontée d'une

30

glace : de chaque côté, deux médaillons entourés de fleurs.

Deux dessins à la plume et au lavis de couleur.

31

141 — Décoration d'une chambre de parade. — Face d'un salon garni de tapisseries. — Entre-deux de fenêtres.

Trois dessins à l'aquarelle, au lavis de sépia et de bistre.

21

142 — Fond de salon. — Décorations intérieures.

Six dessins et croquis à la plume et au lavis de couleurs.

38

143 — Décoration d'une loge. — Rosaces.

Deux dessins à la plume et au lavis de couleur et d'encre de Chine.

52

144 — Fond de salon. — Décoration de lambris. — Décoration d'une sacristie. — Décoration d'une galerie.

Quatre dessins à la plume et au lavis de bistre.

75

145 — Panneaux ornés de tapisseries.

Deux dessins à la plume et au lavis de bistre et d'aquarelle.

10
Danlos

146 — Panneau orné d'arabesques et de figures.

Aquarelle.

147 — Panneaux ornés d'arabesques dans le goût antique.

Quatre dessins à la plume et au lavis de bistre.

75

148 — Arabesques. — Panneaux décoratifs.

Six dessins à la mine de plomb, au lavis de bistre et en camaïeu.

ÉCOLE FRANÇAISE (xviiie siècle)

149 — Fronton orné de figures. — Encadrement avec cartouche armorié. — Cheminée à double motif. — Encadrement de panneau. — Croquis divers.

> Neuf dessins à la sanguine, au crayon noir, à la plume et au lavis de couleur.

150 — Décoration de plafond. — Cartouches. — Frises.

> Six dessins au crayon noir et au lavis d'encre de Chine et de bistre.

151 — Projets de plafonds. — Études de rosaces.

> Cinq dessins à la mine de plomb, à la sanguine et au lavis d'encre de Chine.

152 — Modèles de plafond. — Décoration d'un haut de galerie. — Fontaine.

> Cinq dessins à la sanguine, à la plume et au lavis de bistre et d'encre de Chine.

153 — Décoration de plafond, avec des médaillons dans les angles et un motif central représentant l'Enlèvement d'Europe.

> À la plume, lavé d'encre de Chine.

154 — Modèle de vase dont la panse est ornée de têtes de béliers reliés par une guirlande. — Modèle de vase, de chaque côté, un triton et une Néréide.

> Deux dessins au crayon noir et au lavis d'encre de Chine.

ÉCOLE FRANÇAISE (xviiie siècle)

155 — Modèles de vases.

Six dessins à la plume, à la sanguine et au lavis.

156 — Frise représentant des jeux d'amours : au milieu, un char, attelé de deux tigres, est suivi d'un groupe de quatre amours portant un cinquième amour couché.

Au lavis d'encre de Chine rehaussé de blanc, sur papier bleu.

157 — Rinceaux. — Frises.

Quatre dessins, plume, lavis d'encre de Chine et de sépia, sanguine.

158 — Frises. — Cartouches. — Rinceaux.

Cinq dessins et croquis à la plume et au lavis d'encre de Chine et de bistre.

159 — Trophées avec attributs religieux, scientifiques et militaires.

Sept dessins au crayon noir et au lavis de bistre.

160 — Porte, à deux vantaux, dans une arcade. — Cheminées et consoles avec leurs trumeaux.

Quatre dessins à la plume et au lavis d'encre de Chine et de bistre.

161 — Détails d'ordres. — Vues différentes d'un même château

Six dessins au lavis d'encre de Chine et de bistre.

162 — Projets d'architecture : Façades, décorations intérieures, coupes et plans.

Cinq dessins au lavis de bistre et d'aquarelle.

ÉCOLE FRANÇAISE (xviiie siècle)

163 — Chapelle sépulcrale. — Double entrée de palais sous une colonnade. — Angle de pavillon. — Fragments d'architecture.

> Huit dessins au crayon noir, à la plume et lavis de bistre.

164 — Cartouche. — Six petites coquilles sur une feuille. — Porte monumentale surmontée d'une lyre. — Galerie de foyer.

> Quatre dessins et croquis à la plume, au lavis d'encre de Chine et à l'aquarelle.

165 — Lustre. — Candélabres. — Miroir. — Chenets. Fauteuil.

> Sept dessins et croquis à la sanguine, à l'encre de Chine et à l'aquarelle.

166 — Modèles de décorations d'assiettes à doubles motifs. (Pour Sèvres ?

> Vingt-huit gouaches.

167 — Neuf dessins de fleurs pour étoffes ou papiers peints.

> Aquarelles.

168 — Lettres et chiffres entrelacés.

> Quatre dessins à la plume et à la sanguine dont une contre-épreuve.

169 — Cartouches. — Statues. — Cariatides.

> Sept dessins au lavis de sépia, au crayon noir et à la sanguine.

ÉCOLE FRANÇAISE (xixᵉ siècle)

170 — Traineau, décoré des armes impériales de
Russie, attelé de deux chevaux empanachés et
caparaçonnés. — Traineau attelé à un cheval et
monté par une dame.

 Deux aquarelles, rehaussées d'or.

171 — Projets d'arcs de triomphe élevés à la gloire
de Napoléon le Grand et de Marie-Louise, im-
pératrice des Français, par le Sénat et la ville
de Paris. 1811.

 Sept dessins au lavis de bistre et d'encre de Chine.

172 — Pavillon chinois construit pour un établisse-
ment de bains, rue du Temple, à Paris. — Vi-
traux du dortoir de Marie-Louise. — Modèle de
volière. — Arc de triomphe élevé à la gloire de
Napoléon. — Projets d'architecture. — Plan
d'un parterre pour la maison de Saint-Denis.

 Six dessins à la plume et au lavis de bistre et de
couleur.

173 — Modèles de siéges. — Surtout en bronze.

 Trois dessins au bistre et au lavis d'aquarelle.

174 — Décoration de plafond. — Panneaux décoratifs. — Frise.

 Cinq dessins à la pierre noire et au lavis de bistre et
d'aquarelle.

175 — Cartouches. — Pendule. — Billard. — Angle
de plafond. — Plafond du salon d'Hercule.

 Neuf dessins à la plume et à l'aquarelle.

ÉCOLE HOLLANDAISE (XVIIIe siècle)

176 — Intérieurs et décorations d'appartements. — Lambris. — Cheminées. — Plafonds. — Grottes de verdure. — Modèles de grilles.

> Trente-huit dessins à la plume et au lavis d'encre de Chine.

ÉCOLE ITALIENNE (XVIe siècle)

177 — Vue en perspective de plusieurs salles d'un palais. Dans la première, les armes d'un pape de la famille Borghèse.

> À la plume et au lavis de couleur, avec rehauts de blanc.

178 — Plafond à compartiments et à arabesques dans le goût antique.

> À la plume lavé de bistre. Cadre en bois sculpté.

179 — Fond de coupe décorée d'une frise, représentant Neptune, les dieux et les déesses de la mer.

> À la plume lavé de bistre.

180 — Panneau orné de tapisseries. — Bordures de tapisseries et croquis divers.

> Deux dessins à la plume.

181 — Encensoir : les anses sont formées par des masques de satyres. — Chandelier d'église en forme de vase.

> Deux dessins lavés de bistre.

182 — Tombeau du pape Jules II. — Panneau. — Double motif pour fond de chapelle.

> Trois dessins au bistre et à la plume lavé de bleu.

ÉCOLE ITALIENNE (xvi⁰ siècle)

183 — Banc de chaise à trois stalles, à accotoirs
et à miséricorde. — Archivolte avec sujets religieux dans des compartiments. — Décoration
de chapelle avec statues.

Trois dessins au lavis de bistre.

184 — Vaisseau à rafraîchir. — Projet de cheminée
monumentale.

Trois dessins au lavis d'encre de Chine et de bistre.

185 — Façade d'une maison décorée de figures et
d'ornements. — Arc de saint Sylvestre, à Man-
toue. — Décoration de plafond à compartiments.
— Arabesques.

Six dessins au lavis de bistre

186 — Modèles de vases. — Fontaine à doubles
vasques. — Modèles de coffrets. — Nef décorée
à la partie supérieure d'un groupe représentant
l'Enfant prodigue accueilli par ses parents.

Cinq dessins à la plume lavés de bistre.

187 — Salle d'un palais, avec coupole ornée des
armes des Médicis. — Façade et intérieur
d'église.

Trois dessins à la plume et au lavis de bistre.

188 — Tableaux et décorations de chapelles.

Trois dessins à la plume et au bistre rehaussé de
blanc sur papier bleu.

189 — Frises. — Rinceaux. — Grotesques.

Sept dessins au lavis de bistre.

ÉCOLE ITALIENNE (xviiᵉ siècle)

190 — Moitié d'encadrements de fenêtres.

> Deux dessins à la plume lavés de bistre.

191 — Projet de décoration pour une poupe de navire. — Clefs de fenêtre ou pendentifs. — Moitié d'arcade portée sur des colonnes.

> Quatre dessins à la plume lavés de bistre.

192 — Modèles de tabernacles. — Panneaux décoratifs. — Frises. — Combat de dieux marins.

> Six dessins à la plume et au lavis de bistre.

193 — Le Bon Pasteur dans une niche. — Façade d'une église. — Retable d'autel. — Décoration d'autel. — Fond de chapelle.

> Cinq dessins à la plume, au lavis de bistre et au lavis de bistre rehaussé de blanc.

194 — Cadre de miroir. — Chenet, — Cartouche renfermant un sonnet. — Tritons soutenant une vasque.

> Cinq dessins au crayon noir, à la plume et au lavis d'encre de Chine et de bistre.

195 — Vue perspective de l'intérieur d'un palais. — Façade d'une église. — Chaire à prêcher. — Décorations d'autels.

> Six dessins à la plume, au lavis de bistre, d'encre de Chine et de couleur.

196 — Rinceaux. — Cartouches. — Décoration de panneaux.

> Neuf dessins à la plume et au lavis de bistre.

ÉCOLE ITALIENNE (xviie siècle)

30

197 — Montant d'ornements. — Décoration de plafonds. — Supports. —.Frise.

Neuf dessins à la sanguine, au lavis de bistre et au crayon noir rehaussé de blanc, sur papier bleu.

37

198 — Cartouches. — Mascaron. — Modèle de porte. — Panneau en hauteur. — Plafonds.

Neuf dessins à l'encre lavés de bistre et rehaussés de blanc.

ÉCOLE ITALIENNE (xviiie siècle)

21

199 — Cartouche. — Projet de fontaine. — Colonnade. — Autel surmonté d'un médaillon.

Cinq dessins à la sanguine, au lavis de bistre et au lavis de couleur.

AQUARELLES, DESSINS
GOUACHES
COMPOSITIONS DIVERSES

ABBATE (Nicolas del.)

200 — Danaé recevant la pluie d'or.

Au crayon noir, rehaussé de blanc.

BACKHUIZEN

201 — Barque montée par quatre rameurs.

Au lavis d'encre de Chine.

(Collection Gasc.)

BARBARELLI (dit le Giorgon)

202 — Diane et Actéon.

A la plume.

BARBIERI (J.-J., dit le Guerchin)

203 — Étude de trois figures pour une composition religieuse.

A la plume, lavé d'encre de Chine.

BLOEMAERT

204 — L'Amour et Psyché.

A la plume et au lavis d'encre de Chine.

BOUCHER (Genre de F.)

205 — Le Retour du marché.

Crayon noir, rehaussé de pastel.

CORTONE (Pietro de)

206 — Moïse sauvé des eaux par la fille de Jephté.

Au bistre, rehaussé de blanc.

CORTONE (Pietro de)

207 — La Sainte Vierge tenant l'Enfant Jésus entre saint Roch et saint Sébastien.

Aux crayons noir et rouge, rehaussés de blanc.

DELAFONTAINE (P.-M.)

208 — Mort du général Marceau.

Bistre, rehaussé de blanc. Signé et daté an 7.

DIETRICY (Le Père)

209 — Repos de voyageurs près d'une chaumière.

Au crayon noir, lavé d'encre de Chine. Signé du monogramme C. D.

DURAND

210 — Aris et moi.

Six esquisses pour l'illustration de l'ouvrage de Félix Nogaret. Plume et lavis. Signées et datées 1781.

EISEN (Charles)

211 — Fondation de Venise. — Fondation de la Monarchie d'Espagne. — Fondation de la Monarchie de Russie.

Trois dessins à la sanguine.

FIELDING (J.)

212 — Paysan labourant : au fond, la vue d'une grande ville.

Aquarelle.

FLAMEN (A.)

213 — Livre d'Emblèmes.

Suite de soixante dessins de forme ronde, très fine-
ment exécutés à la plume et réunis en un volume in-8°,
veau plein. (Reliure ancienne.)

FONTAINEBLEAU (École de)

214 — La Boîte de Pandore.

À la plume et au bistre.

GOYA (F.)

215 — L'Enfant pied-bot.

216 — La Mauvaise mère.

Lavis d'encre de Chine.

GOLTZIUS (Henri)

217 — Cérès, Bacchus et Vénus.

Au crayon rouge. A été gravé par le maître.

GREUZE (J.-B.)

218 — La Grand'Maman.

Plume et encre de Chine.

(Collection Jean Gigoux.)

KESSEL (Jean Van)

219 — Voyageurs au milieu d'une route bordée de
roches et de bouquets d'arbres; au fond, la vue
d'un village.

Au lavis d'encre de Chine et de sépia.

KOBELL

220 — La Mare au milieu de la forêt.

Au crayon noir. Signé et daté : F. Kobell 1773.

LECLÈRE

50

221 — Cavalier arabe.

Aquarelle.

LE PRINCE (J.-B.)

345

222 — La Marchande d'œufs.

Aquarelle gouachée.

MEUNIER

25
Feral

223 — Vue du Palais de Justice tel qu'il devait être
exécuté dans la ville d'Aix.

Aquarelle. Signée et datée 1791.

MOLYN (Pierre de)

80
Danlos pour D.

224 — Troupeau et voyageurs en marche.

Au crayon noir et au lavis d'encre de Chine.

MOREAU (Louis)

160

225 — Bords de rivière ; effet de clair de lune.

Aquarelle gouachée.

MOUCHERON (Attribués à F.)
(deux pendants)

430

226 — Projets de Panneaux décoratifs.

Aquarelles sur traits de plume.

MUNTZ (J.-H.)
(deux pendants)

130

227 — Troupeau au pâturage près d'un cours d'eau
entouré de hautes collines. — Paysage traversé
par une route sur laquelle on remarque des
voyageurs.

Aquarelles. Signées et datées 1769.

NICOLLE

228 — Vues de Venise.

Vingt dessins au lavis réunis dans un album.

OMMEGANCK (B.-P.)

229 — Bergers et leurs troupeaux dans un paysage accidenté.

Lavis d'encre de Chine. Signé et daté 1788.

OMMEGANCK (B.-P.)

230 — Vaches au pâturage au milieu d'un paysage d'une vaste étendue.

Au lavis d'encre de Chine. Signé des initiales et daté 1822.

OPDENHOFF

231 — Marine par un gros temps.

Au lavis d'encre de Chine. Signé.

PARIZEAU

232 — Jeune mère allaitant son enfant.

A la sanguine. Signé : *Dessiné à Mont Souri par Ph. Parizeau, en 1783.*

233 — Deux dessins montés sur une même feuille :
La Réprimande. — Étude de Fillettes.

A la sanguine. Signés et datés : le premier, 1778 ; le second, 1780.

PERIGNON (Nicolas)

234 — Paysage traversé par une rivière et animé de figures.

Aquarelle gouachée. Signée des initiales.

PRUD'HON (P.-P.)

235 — Académie d'homme.

> Crayon noir et estompe rehaussé de blanc, sur papier bleu.

PRUD'HON (Attribué à P.-P.)

236 — Laveuses près d'un pont.

> Crayon noir et estompe rehaussé de blanc, sur papier bleu. Signé au verso et daté 1797 (?).

RAMBERG

237 — Un Personnage vêtu d'une robe de chambre.

> (Ramberg ?), assis près d'une table sur laquelle se voit un buste de Minerve entouré d'amours, tend à un militaire qui se présente devant lui des feuillets de papier sur lesquels on lit : *Become pour Rmbg, au général d'Annover*. Croquis à la plume. Signé : *Rmbg*.

REYNOLDS (D'après Sir Joshua)

238 — Portrait de Lady Montagu.
> Lavis de bistre.

SAFT-LEVEN (Herman)

239 — Vue d'un canal glacé dans une ville de Hollande.

> A la plume, lavé de bistre.
>
> (*Collection Lankrink, page de Charles I*ᵉʳ)

SANDBY (F.)

240 — Vue de la terrasse de Windsor.
> Aquarelle sur gravure.

SOLDINI

(DEUX PENDANTS)

211 — Parcs avec motifs d'architectures et personnages.

Aquarelles de forme ronde. Signées et datées 1780.

TIEPOLO (DOMINIQUE)

242 — La Tentation.

Bistre.

VELDE (J. VAN DE)

243 — Barques et navires sur la mer.

Au bistre et au lavis d'encre de Chine.

VOS (MARTIN DE)

244 — La Tentation de saint Antoine.

A la plume et au lavis de bistre.

(Collection Ch. Gasc.)

ZEEMAN

245 — Bateaux voguant sur un large bras de mer.

Important dessin à la plume et au lavis d'encre de
Chine.

ÉCOLE FLAMANDE

246 — Jésus au milieu des docteurs.

A la plume et au lavis d'encre bleue. Signé du monogramme P. H. L.

ÉCOLE FRANÇAISE

247 — Vues de l'ancien château de Chantilly tel
qu'il était sous les Condé.

Trois aquarelles gouachées.

ÉCOLE FRANÇAISE (xviiie siècle)

248 — Vue du château du bout du pont de Rouen.
A la plume et à la mine de plomb, lavé d'encre de Chine.

249 — REMBRANDT (École de). Jésus-Christ au milieu des docteurs. — Intérieur rustique. — Tête de femme.
Trois dessins.

250 — ÉCOLE FLAMANDE. Huit compositions religieuses ou mythologiques dans le genre de Rubens, Jordaens, Martin de Vos.

251 — Paysages et figures marines par ou attribués à Berghem, Both, Hobbema, V. de Velde, Verdussen, etc.
Huit dessins.

252 — QUOST (PETER). Dame et gentilshommes.

253 — VERSCHURING (H.). Cavaliers et leurs chiens. — Scène militaire. — Sujets allégoriques ou bibliques. — Paysage avec figures attribués à Callaert, Blomaert, Ross. etc.
Six dessins.

254 — Compositions mythologiques, allégoriques ou bibliques par De Troy, Natoire, Lemoine, Renoux, etc., etc.
Douze dessins.

255 — Vue d'Avignon, par Sylvestre. — Études de types chinois, par La Belle. — Sujets bibliques et mythologiques. — Paysage. — Compositions

allégoriques. — Figures. — Cortège d'un
prince par ou attribué à Jouvenet. De Troy.
Callot, Poussin.

> Dix dessins.

256 — Divers portraits attribués à Ph. de Cham-
paigne, Mignard, Bonnard.

> Cinq dessins.

257 — Cavalier et figures d'hommes par Parrocel.
— L'Émeute, par Norblin. — Paysage, par Bois-
sieu.

> Quatre dessins.

258 — DESRAIS. Scènes tirés de l'histoire du Premier
Empire : défilés militaires, fêtes de Paris. —
Portraits. — Sujets de genre. — Paysages. etc.

> Vingt-trois dessins. La plupart ont été gravés.

259 — Études de figures. par Greuze. Lagrenée. —
Croquis de G. de Saint-Aubin. — Paysages et
sujets de genre. figures. attribués à Leprince ou
Fragonard. — Caricatures. attribuées à Bosio.
— Compositions mythologiques. attribuées à
Lafage, etc.

> Onze dessins.

260 — LAMI (Eug.). Projets de décorations.

> Six aquarelles.

261 — Compositions satyriques. attribuées à Mar-
tinet ou Desrais — Allégories. — Paysages. —
Costumes militaires. par Legros. Chaudet. ou
attribués à J. Vernet. David. etc.

> Dix dessins.

262 — Pastorale. — Figure mythologique. — Scène
d'intérieur. — Paysages, par ou attribués à
Boucher, Huet, Greuze, Schenau, Fragonard, etc.
Dix-neuf dessins.

263 — Compositions allégoriques. — Études de
figures. — Scènes de la Révolution. — Scène
d'intérieur. — Paysages. — Dessins d'illustration, attribués à Pater, Vien, E. Quellin, Ram-
berg, etc.
Dix dessins.

264 — GUARDI. Vues de Venise. — Figure allégorique.
Trois dessins.

265 — L'Adoration de l'Enfant Jésus, par D. Tiépolo.
— Vénus et les Amours bénissant les armes
d'Achille, par Carlo Dolci. — Portrait d'homme.
— Sujets religieux et allégoriques. — Paysages,
attribués aux Guerchin, Della Bella, Antonio
Viviano, etc.
Onze dessins.

266 — Sujets bibliques. — Figures allégoriques. —
Processions. — Paysages attribués à Pietro
Santi, L. Giordano, B. Barbarelli, J. Palma,
Le Guerchin, etc.
Seize dessins.

267 — Scène militaire. — Sujets religieux ou mytho-
logiques, attribués à P. Véronèse, Tempesta,
Baroccio, Le Pontormo, Mantegna, etc.
Quinze dessins.

268 — LE PRINCE. Jeune Fille russe.
Crayon noir et sanguine.
(Collection Triquetti.)

269 — HILAIRE. Paysage d'Orient.
Signé et daté 1788. Sépia.

270 — L. MOREAU. Paysage avec constructions.
Aquarelle.

271 — Compositions mythologiques ou allégoriques,
par ou attribués à Caresme, Lagrenée, Pierre.
Trois dessins.

272 — BOUCHER, FRAGONARD, JEAURAT (par ou attri-
bués à). Le Réveil de Vénus. — La Fermière.
— Intérieur d'atelier et figure de femme.
Quatre dessins.

273 — LE POUSSIN, S. BOURDON, B. PICARD, SUBLEY-
RAS, etc. (par ou attribués à). Paysage. — Sujets
religieux ou allégoriques.
Dix dessins.

274 — GREUZE, HUET, LE PRINCE, etc. (par ou attribués à). L'Accordée du village. — Figures
d'hommes et de femme. — Oiseaux de basse-
cour.
Six dessins.

275 — Trente eaux-fortes par trente artistes mo-
dernes, Desboutin, Heseltine, Lalanne, F. Leys,
Lhermitte, etc., etc.

80

276 — MARILLIER. La Visite au prisonnier. Signé et
daté 1792. DESRAIS. Vignette. Signé et daté
1775. EISEN : les Trois Grâces.
  Trois dessins.

140

277 — BLONDEL, LE DOUX, PUGET. Monuments pari-
siens et divers. — Poupe de navire.
  Quatre dessins.

278 — CASANOVA. Bergers au repos, signé. — Choc
de cavalerie.
  Deux dessins.

160
+ 135

279 — CANALETTI. GUARDI. Vues de Venise.
  Cinq dessins.

64

280 — PARIZEAU, LEMOINE, CLERMONT, PATER, GREUZE
(par ou attribués à). Sujets divers.
  Neuf dessins ou aquarelles.

281 — PRIEUR. Marie-Antoinette à la Conciergerie.
  Sanguine. Gravé.

282 — LE PRINCE. Famille de Bohémiens.
  Signé et daté 1775.

283 — EISEN. LE PRINCE. PILLEMENT. Allégorie,
figures. paysage.
  Trois dessins.

86

284 — CALLOT. LE NAIN. etc. Paysages et figures.
  Dix dessins.

285 — H. ROBERT (par et d'après). Paysage, ruines
et figures.
  Deux dessins à la sanguine.

286 — VAN GOYEN. Le Pigeonnier.   245 Feral
  Crayon noir. Signé et daté 1633.

287 — VINKEBOOM. Le Baptême de l'Eunuque.   20
  Crayon noir, rehaussé de blanc. Signé du monogramme.

288 — A. V. DE VELDE. Le Repos à la campagne.   25
  Mine de plomb. Signé et daté 1658.

289 — HACKAERT, V. DRIELST. A. DE VISSER.   70 Feral
  P. BRIL, etc. par ou attribués à. Paysages.
  Sept dessins.

290 — DIETRICY. G. DE CRAYER. C. SCHUT. H. DIE-   48
  PENBECK. M. DE VOS. VAN DYCK par ou attri-
  bués à. Sujets religieux ou bibliques.
  Huit dessins.

291 — ZEEMAN. V. DE VELDE. BERGHEM, S. FRANCK.   60
  CALLAERT, SPRANGER. V. ORLEY par ou attri-
  bués à. Marines. — Composition avec figures.
  Sept dessins.

292 — RUBENS. A. BOTH. V. OSTADE. BRAUWER.   215
  J. MIEL par ou attribuées à, etc. Figures et
  scènes d'intérieur.
  Onze dessins ou aquarelles.

293 — VAN HUYSUM. Fleurs et fruits.   75
  Cinq dessins ou aquarelles.

294 — CUYP. K. DU JARDIN. STOOP. G. VAN NYMEGEN.   50+50
  MEYERINK. VAN UDEN, V. DE VELDE, CAMPHUISEN,
  BOUT. BOUDEWYNS. V. DE VENNE. V. DER HULST.

P. DE MOLYN, BERGHEM, DIETRICH (par ou attribués à). Paysages avec figures et animaux.

> Vingt-cinq dessins.

295 — VAN MANDER, DE WIT, VAN ORLEY, J. MEL-
LER, etc. (par ou attribués à). Sujets religieux
ou allégoriques.

> Onze dessins.

296 — BACKHUIZEN, BEGA, BREUGHEL, OMMEGANCK,
TENIERS, OSTADE (par ou attribués à). Scènes d'intérieur. — Scènes champêtres. — Fgures et animaux. — Marines.

> Douze dessins.

297 — J, BOILLY. Les Cinq sens.

> Encre de Chine.

298 — BOUCHER. SCHALL, VIEN, LEMOINE, NATOIRE
(par ou d'après). Sujets mythologiques ou allégoriques.

> Douze dessins ou aquarelles.

299 — Parcs avec figures. — Constructions. —
Monuments en ruine. — Armée en marche, par
ou attribués à H. ROBERT, LANGLOIS, etc.

> Neuf dessins.

300 — Paysages avec figures et constructions. —
Vues de ville, etc., par ou attribués à Nicolle,
Lajoue, J. Vernet, Desfriches, H. Robert, Cas-
sagne.

> Huit dessins ou aquarelles.

301 — LEMPEREUR. Paysages avec figures.
Deux aquarelles formant pendants.

302 — SWEBACH. Bataille d'Eylau.
Encre de Chine.

303 — BOUCHER, LEPRINCE (par ou d'après). Paysage
avec figures. — Pastorales. — Sujet religieux.
Quatre dessins.

304 — Animaux et attributs champêtres, par ou
attribués à Huet, Houel, Dagomer.
Huit dessins.

305 — GREUZE, LANCRET, JEAURAT, BOUCHER, LAGRE-
NÉE. Sujets allégoriques ou mythologiques. —
Figures. — Pastorales. — Paysages.
Huit dessins.

306 — DUHAMEL, LASSEUR, NANTEUIL, TERRASSIN,
VINCENT (par ou attribués à). Portraits et figures.
Quinze pièces.

307 — PARIZEAU. Scènes familières. — Paysages et
figures. Vingt-trois pièces.

308 — BAUDOUIN, BOUCHER, LEPRINCE, MONNET,
WATTEAU et divers (par ou d'après). Pastorales.
— Scènes galantes. — Paysages. — Compositions
allégoriques. Dix pièces.

309 — KLINGSTEDT. Figures mythologiques.
Deux gouaches sur vélin.

310 — BOUCHER, LAFAGE, PARROCEL, PESNE, PIERRE,
SAINT-AUBIN (par ou d'après). Compositions
diverses. — Figures et paysage. Onze pièces.

311 — CHASSELAT, DESRAIS, EISEN, MONNET, MONSIAU,
B. PICARD (par ou d'après). Dessins d'illustrations. Trente-cinq pièces.

312 — DROLLING, GÉRARD, GÉRICAULT, GRANET,
PRUD'HON, RAFFET (par ou d'après) et divers
artistes du XIX° siècle. Scènes d'intérieur. —
Paysages et figures. Dix-sept pièces.

313 — LE CORRÈGE, P. DE CORTONE, LE GUERCHIN,
C. MARATTE, LE PARMESAN, RAPHAËL, A. DEL
SARTE, LE TINTORET, ZUCCARI par ou attribués
à. Sujets religieux. — Dessins provenant en
partie des collections de Sir Peter Lely, Denon,
Gatteaux, etc. Vingt-et-une pièces.

314 — CARRACHE, GANDOLFI, MANTEGNA, RAPHAËL,
GUIDO RENI, JULES, ROMAIN VASSARI, ZUCCARO
(par ou attribués à). Compositions allégoriques
et mythologiques. — Sujets tirés de l'Histoire
romaine. Vingt-cinq pièces.

315 — S. BOURDON, DELARUE, LEBRUN, SEB. LECLERC,
LESUEUR, CL. LORRAIN, D. MAROT, B. PICARD,
LE POUSSIN (par ou attribués à). Paysages et
figures. — Compositions diverses. Treize pièces.

316 — BERTOLOZZI, BIBIENA, CANALETTI, D. ZAMPIERI
(par ou attribués à), etc. Paysages. — Vues de
villes. — Compositions architecturales. Neuf
pièces.

317 — H. BALDUNG, CRANACH, GOLTZIUS, HOLBEIN,
SCHUBLER, SPRANGER (par ou d'après). Composi-
tions religieuses et profanes. — Allégories. —
Figures. Vingt-quatre pièces.

318 — Boucher, Huet, Kauffmann, Natoire, Rigault, Vincent (par ou d'après). Portraits. — Pastorales. — Paysages. — Compositions mythologiques et allégoriques. Quinze pièces.

120

319 — Misbach. Les Barrières de Paris.
Six dessins à la sépia. Signés et datés 1797.

600

320 — Chastelet, Cochin, Desrais, Eisen, Gravelot, Marillier, Monsiau, Moreau (par ou attribués à). Dessins d'illustrations.

321 — Gilbert, Lemoine, Labbé, Marot, Rollin, de Sennemond (par ou attribués à).
Vingt-et-un dessins ayant rapport à l'architecture et à la décoration.

322 — Chatelet, Maréchal, Nicolle, J. Vernet (par ou attribués à). Vues de Paris et de Toulon. — Monuments et ruines. — Dessins, gouaches et aquarelles sur trait gravé. Seize pièces.

323 — Lagrenée, Leprince, Marchal, G. Mayer, Monet. Compositions allégoriques. — Paysages et figures. Neuf pièces.

323 — Parizeau. Études de figures. Dix pièces.

324 — Desfriches, Huet, Loutherbourg, Mallet, Moitte, Swebach-Desfontaines (par ou attribués à). Paysages. — Figures et animaux. — Compositions diverses. — Projets pour boutons. Trente-six pièces.

325 — Berain, Boucher, Chodowiecki, Esperlain, Laurent, Monnet, Musart, Trinquesse, Watteau, etc. (par ou d'après). Portraits de figures. Trente-et-une pièces.

326 — Moreau, Ozanne, Parrocel, H. Robert, Vien (par ou d'après). Sujets allégoriques. — Paysages et figures. Vingt-quatre pièces.

327 — Audran, Callot, S. Le Clerc, Flamen, B. Picard, Puget (par ou d'après). Sujets religieux ou allégoriques. — Paysages avec figures. Dessins de bateaux. Treize pièces.

328 — J.-C. de Cock, Van Goyen, Van Kessel, Lingelbach, Van Ostade, M. de Vos, J. de Wit (par ou attribués à). Marines. — Paysages et figures ou sujets mythologiques. Trente-et-une pièces.

329 — Canaletti, Castiglione, Le Guerchin, S. del Piombo, Tiepolo (par ou attribués à). Sujets religieux. — Mythologiques. — Paysages et figures. Seize pièces.

330 — École allemande. Sujets religieux. — Portraits. Neuf pièces.

331 — Bosio, Dauzat, Gosse, Thienon, Trimolet, Valenciennes, C. Vernet, H. Vernet (par ou attribués à). Vues de Paris. — Paysages. — Figures. — Caricatures — Vingt cinq pièces.

332 — Figures et compositions humoristiques. Douze pièces.

333 — Sous ce numéro, seront vendus quelques lots non catalogués.

9 782329 546759